Aufrecht gehen

...das Buch für Menschen mit Rückgrat!

1. Auflage: Juni 2014

Herstellung und Verlag:
BoD – Books on Demand, Norderstedt

ISBN: 978-3-7357-4282-7

Inhaltsverzeichnis

Vorwort

Liebe Leser.

Geht es Ihnen auch so? Wenn ich mich in der Gesellschaft umschaue, muss ich leider oft feststellen, dass es immer weniger Menschen mit einem gesunden Rückgrat gibt. Immer häufiger bemerke ich leider, dass Menschen sich zu Gruppen zusammenraufen und ihren Mitmenschen mit Mobbing oder Heucheleien das Leben zur Hölle machen. Kaum jemand hat noch den Mut, dem Schwachen die Hand zu reichen, um ihn zu stärken. Lieber wird sich aus Angst, selbst zum Opfer zu werden, herausgehalten und dabei zugesehen, wie der Gepeinigte zugrunde geht. Manche "Zuschauer" schließen sich sogar noch der hetzenden Meute an, um bloß nicht so alleine dazustehen wie der gepeinigte Mitmensch.

Gottlob gibt es aber noch vereinzelt starke Seelen, die den Mut besitzen und dort einschreiten, wo ihre Meinung/Tatkraft gebraucht wird. Für all jene ist dieses Buch geschrieben - danke, dass es Sie gibt!

Viel Spaß beim Lesen wünscht Ihnen der Autor Norbert van Tiggelen

Aufrecht gehen

Nase hoch und Krone richten,
lass dich nicht durch Schmach vernichten;
zeig den Schwätzern, wer du bist,
dass ihr Aufstand sinnlos ist!

Brust heraus und aufrecht gehen,
über Trug und Neidern stehen;
imitiere andre nicht –
sonst verlierst du dein Gesicht.

Norbert van Tiggelen

Hinterherlaufen

Menschen hinterherzulaufen,
mache ich schon lang nicht mehr.
Viel zu oft wurd' ich gerichtet:
"Kein Interesse - danke sehr!"

Der, dem ich etwas bedeute,
kommt von ganz allein zu mir;
spare somit Zeit für Großes,
muss nicht stehen brav Spalier.

Kämpf nicht mehr um kalte Seelen,
sehe darin keinen Sinn.
Bin zu nett und viel zu ehrlich -
dass ich ihnen wertlos bin.

© Norbert van Tiggelen

Ich bin...
(Frauenversion)

Ich bin keine Eintagsfliege,
die man einfach so erschlägt,
und auch kein beschränktes Weibsbild,
was man nur bei Not erträgt.

Ich bin auch kein Lückenbüßer,
den man ganz bequem benutzt,
keine, die man ständig knechtet
und danach die Flügel stutzt.

Ich bin kein Ersatzteillager,
in dem man nach Mitteln sucht,
und auch keine Liebessklavin,
die man auf Bestellung bucht.

Ich bin eine stolze Seele,
die Respekt und Anstand kennt;
eine, die auch gern mal mosert
und das Kind beim Namen nennt.

Sorry.

©Norbert van Tiggelen

Ich und dick ???

Wenn ich all die Narren sehe,
die mich ständig blöd anschau'n,
könnt' ich ihnen mit viel Freude
endlos in die Schnauze hau'n.

Warum seid ihr so gehässig,
dass ihr auch noch andre neckt?
Was ist es, was euch so stark macht -
glaubt ihr echt, ihr seid perfekt?

Eines will ich euch mal sagen:
Dass ich dick bin, das stimmt nicht;
sehe es ein wenig anders -
bin zu klein für mein Gewicht!

©Norbert van Tiggelen

Bodenständigkeit

Respekt, den habe ich vor Menschen,
die was können und was tun;
nicht vor jenen, die tagtäglich
faul auf ihrem Hintern ruh'n.

Sind sie dazu noch bescheiden,
plustern sich nicht protzend auf,
nehme ich von ihnen - klar doch! -
eine Kritik gern in Kauf.

©Norbert van Tiggelen

Achtung,
glücklich vergeben!

Glücklich vergeben –
reizen tabu,
bin rundum glücklich,
drum lasst mich in Ruh!
Hab keine Lust
auf „Anbaggereien",
könnte bei sowas
toben und schreien.
Wer das nicht einsieht,
liegt bei mir daneben;
drum merkt euch doch eines:
Bin glücklich vergeben!

© Norbert van Tiggelen

Hohle Birnen

Redet man dich häufig nieder,
meist des Rätsels Lösung ist:
Dass du halt von hohlen Birnen
viel zu oft umgeben bist.

© Norbert van Tiggelen

Mädchen, lass dich nicht verbiegen

Mädchen, lass dich nicht verbiegen,
bleib ganz einfach, wie du bist.
Du hast Klasse und Charakter,
wer dran zweifelt, neidisch ist.

Gehe deinen Weg wie immer,
ehrlich, klar und unbeirrt.
Lass dich nicht von denen täuschen,
deren Leben ist verwirrt.

Du wirst eines Tages sicher
der ganz große Sieger sein.
Doch bis dahin musst du kämpfen,
und das oft auch ganz allein.

Neidern wirst du stets begegnen,
ist gewiss bedauerlich.
Aber ich bin guter Dinge,
glaub mir eins: Ich zähl auf dich.

Charakterstärke

Ist mir egal was andre sagen,
ich bin fair zu dir,
ich hab im Leben viel gelernt,
man war oft bös zu mir.

Man machte mich mit Lügen schlecht,
kaum jemand hielt zu mir,
ich ließ mich nicht vom Weg abbringen,
Gott war mein Elixier.

Ich zähle nicht zu diesen Menschen,
die man schnell verdreht,
meine Meinung bleibt bestehen,
auch wenn's mir dreckig geht.

© Norbert van Tiggelen

Kritisieren ist ein Wagnis,
das nicht tun soll jedermann.
Wichtig ist, dass man auch selber
Kritik gut vertragen kann.

©Norbert van Tiggelen

Groschen gefallen

Undank ist der Welten Lohn,
das ist Wahrheit - ohne Hohn,
Hilfst du, wirst du ausgenutzt
und als Dank noch oft beschmutzt.

Seitenhiebe statt Belohnung -
für die Seele keine Schonung;
wie oft hab ich mir geschworen:
Hab kein Mitleid, lass sie schmoren!

Wisst ihr, wann man mich nur kannte?
Wenn der Baum mal wieder brannte.
Und ich Doofmann – ist doch klar -
stand zum Schluss als Dummer da.

Trotz der ganzen Hungerstrecken
helfe ich bis zum Verrecken;
doch nur ganz bestimmten Leuten -
lasse mich nicht mehr ausbeuten

©Norbert van Tiggelen

Hut ab

Ich bewundre weise Menschen,
auch die Altenpflegerin;
ebenso den Sanitäter,
die besorgte Nachbarin.

Den, der hilft und gern was spendet,
der den Schwachen unterstützt;
jeden, der für Freunde da ist
und sie in der Not beschützt.

Den Gerechten, Aufmerksamen,
der das Kind beim Namen nennt,
und den starken Einzelkämpfer,
der des Nächsten Not erkennt.

Ich bewundre diese Seelen,
weil sie für mich Helden sind.
Bringen Licht in unser Leben,
geben uns oft Rückenwind.

©Norbert van Tiggelen

Langweiler

Du brauchst dich für gar nichts schämen,
lass dich nicht von andren zähmen;
ganz besonders nicht von Recken,
die im tiefen Sumpfe stecken.

Sei ganz einfach, der du bist,
Hauptsach', ohne Hinterlist;
auch wenn man dich oft beschmunzelt
und zudem die Stirne runzelt.

Wärest du wie jedermann,
wärst du Fallobst irgendwann.
Merk dir: Menschen ohne Macke
sind fast immer trist und Kacke!

©Norbert van Tiggelen

Wirst du ständig schikaniert
angemacht und aussortiert,
zeige dann den inn'ren Drachen
und lass es mal richtig krachen!

©Norbert van Tiggelen

Ich gebe nicht auf

Ich gebe nicht auf,
egal wie es kommt,
macht man mich an,
wehr ich mich prompt.
Ich bin wie Unkraut,
sprieß' immer wieder,
mich macht kein Wesen
läng're Zeit nieder.

Oft schon, da hat man
mich schikaniert,
mich mit Gerede
übel beschmiert.
Am Ende jedoch
war ich obenauf.
Drum lasst mich in Ruh –
ich gebe nicht auf!

© Norbert van Tiggelen

Ich lebe

Ich lebe, wie es mir gefällt,
und nicht, wie's die andren wollen.
Wenn ich spür', man biegt an mir,
fängt mein Inn'res an zu grollen.

Häufig musste ich erleben
boshaft falsche Meuterei.
Gut gemeinte Herzenswünsche
waren meist nur Heuchelei.

Hände, die man mir oft reichte,
waren schmutzig und labil.
Worte, die mich lehren sollten,
brachten mir nicht wirklich viel.

Trotzdem lebe ich mein Leben,
sogar besser als zuvor.
Denn so manche falsche Freundschaft
sich in meinem Herz verlor.

©Norbert van Tiggelen

Achtung

Eines ist doch sonnenklar,
weise und auch wirklich wahr:
Wer nicht wagt, wird nicht gewinnen -
und mancher Achtung so entrinnen.

Hab's versucht

Ich hab es versucht
auf Teufel komm raus,
den Menschen zu helfen,
tagein und tagaus.

Ich hab es versucht
auf Biegen und Brechen,
mich an den Neidern
gewaltlos zu rächen.

Ich werde wohl scheitern,
es ist wie verflucht -
doch kann ich stets sagen:
„Ich hab es versucht!"

Selbstvertrauen

Über Niederlagen lachen,
trotzdem seine Pläne machen,
dumme Sprüche schnell verdauen -
nichts geht über Selbstvertrauen!

Pokerface

Zeigen, dass mich etwas ärgert?
Himmel, Herrgott - nur nicht das!
Bloß nicht mit der Wimper zucken,
ist auch noch so groß der Brass.

Äußerlich bleib ich gelassen,
wenn das Blut auch in mir kocht,
wenn ich schwitze, unruhig atme
und der Pulsschlag hurtig pocht.

Wenn die Widersacher spüren,
dass mich so schnell nichts erregt,
hab ich diesen dummen Menschen
wohl ein Ei ins Nest gelegt.

Anerkennung !!!

Freut euch, ihr Gemobbten,
ihr habt es weit gebracht,
denn ihr seid im Gerede -
man schenkt euch große Acht.

Drum möchte ich euch sagen:
Lasst doch die Mäuler singen!
Denn eure Neider würden
es niemals so weit bringen.

© Norbert van Tiggelen

Vorsichtig!

Reiz mich nicht, ich kann auch anders -
bin nicht immer lieb und nett!
Will mir jemand an die Wäsche,
kriegt er prompt ein dickes Brett.

Merke ich, dass man mich ausnutzt,
pfeife ich auf Charme und Zier.
Darum rate ich dir eines:
Sei ganz einfach fair zu mir!

© Norbert van Tiggelen

Scheiß drauf!

Wer mir imponieren will,
der muss schon etwas bringen.
Von Schwätzern und von Prahlern
kann ich ein Liedlein singen.

Viel zu oft gab man mir Tipps,
die waren nicht viel wert.
Und darum lief in meinem Leben
manches Ding verkehrt.

Ich stürzte in die Tiefe
nach manchem falschen Rat.
Man ließ mich achtlos liegen,
kein Helfer schritt zur Tat.

Drum mach' ich kein Geheimnis draus
und will, dass jeder weiß:
Dass ich auf so manche Meinung
mittlerweile scheiß'.

©Norbert van Tiggelen

Ansehen

Wenn du der Gesellschaft zeigst,
dass du gerne dazu neigst,
dich mit Größerem zu messen,
bleibst du meistens unvergessen.

Nur mit Leichtem sich befassen,
solltest' lieber gänzlich lassen,
denn dein Ansehen steigt enorm,
wenn du schlägst die hohe Norm.

©Norbert van Tiggelen

Seelengut

Einer Handvoll teurer Menschen
schenke ich mein Seelengut:
Freundschaft, Liebe und Vertrauen
teile ich mit ganzem Mut.

Eine Menge mieser Heuchler
haben sich all das versaut,
weil mein Herz beim besten Willen
nicht auf Schmach und Lügen baut.

©Norbert van Tiggelen

Jetzt beginnt ein neues Leben

Schluss mit Blicken, die sich neigen!
Willst du wirklich immer schweigen?
Nimm doch endlich Haltung an,
bist gewiss kein Hampelmann.

Hast jetzt lang genug geduckt,
wurdest dafür noch bespuckt;
es wird Zeit, sich mal zu wehren,
um so manchen Zank zu klären.

Lass dich nicht mit Dreck bewerfen,
geht dir lang schon auf die Nerven.
Irgendwann, da reicht es mal,
drum gib jetzt ein Startsignal!

Schau den Gegnern ins Gesicht,
kämpfe und versteck dich nicht,
Zuversicht sei dein Bestreben -
jetzt beginnt ein neues Leben!

©Norbert van Tiggelen

Auf eigene Faust

Ich mache stets mein eignes Ding,
auch wenn es droht, zu scheitern.
Brauch dazu nicht die Mitarbeit
von einer Schar Begleitern.

Und sollte es mal schiefgeh'n,
wird meist nicht lang geflucht;
denn ich kann würdig sagen:
Ich habe es versucht.

© Norbert van Tiggelen

Wir über fünfzig

Wir über fünfzig, wir haben es drauf,
nehmen es locker mit jüngeren auf.
Uns macht man sicher kaum etwas vor,
wir haben Erfahrung und reichlich Humor.

Auch in der Liebe sind wir topfit,
da kommen nicht mal die Jünglinge mit.
Geben wir Gas, brennt mächtig der Baum,
Erotik mit uns ist oft wie ein Traum.

Wir haben Moral noch gepredigt bekommen,
manch steilen Berg im Leben erklommen.
Drum sei gewarnt, verkenne uns nicht!
In unserem Alter, da ist man ein Licht.

©Norbert van Tiggelen

Schau nach vorn

Schaue nach vorne –
niemals zurück,
nur in der Zukunft,
da liegt dein Glück!
Hattest du gestern
noch Ärger und Not,
morgen vielleicht
ist schon alles im Lot.

Gestern, das zählt nicht,
heut wird gelebt
immer nach Gunst
und Erfolg sei bestrebt!
Negativ denken,
das hemmt dich enorm:
Willst du gedeihen,
dann schaue nach vorn!

©Norbert van Tiggelen

Abenteuer?

(Frauenversion)

Du suchst ein Abenteuer,
ein Rasseweib im Bett,
dazu noch etwas dämlich,
das wäre sicher nett.

Soll dir zu Füßen liegen,
darf spurten, wenn du pfeifst,
muss immer zu dir hochseh'n
und schweigen, wenn du keifst.

Sie sollte Kohle haben,
die du verprassen kannst,
und treu zu Hause warten,
wenn du durch Betten tanzt.

Mein Schatz, ich sag dir eines:
Du bist ein armes Licht.
Verschwinde hier, so schnell es geht,
bei mir kriegst du das nicht.

© Norbert van Tiggelen

Aus gutem Holz

Ich habe keine Traumfigur,
auch reich, das bin ich nicht.
Bin nie und nimmer prominent,
wohl eher ein kleines Licht.

Doch dafür ist mein Geist gefüllt
mit Ehrlichkeit und Stolz,
Und darum sag ich auch zu mir:
„Ich bin aus gutem Holz!"

Versprechen

Große Versprechen,
die macht man oft gern,
doch sie zu halten,
liegt vielen meist fern.

Kleine Versprechen
zu halten, hat Stil.
Es steigert dein Anseh'n
denn Freud' bringst du viel.

Verschlossen?

Ich bin nicht verschlossen,
von dem keine Spur.
Ich bin auch nicht eitel –
wer sagt so was nur?

Ich bin halt ein Mensch,
der viel hat erlebt;
drum bin ich gestanzt
und von Wunden geprägt.

Nur eins ist mir wichtig -
ich sag's euch geschwind:
Ich zeig es nur denen,
die mir wichtig sind.

© Norbert van Tiggelen

Ich bin ich

Ich bin ich - so wahr ich hier stehe;
ehrlich und aufrecht durchs Leben ich gehe.
Ich hasse Neider und Lügner enorm,
richte mich gern nach der eigenen Norm.

Ich bin ich - und keine Kopie;
beklau mich bloß nicht und belüge mich nie!
Verschenke zur Not auch mein letztes Hemd,
Menschen zu schaden, das ist mir fremd.

Ich bin ich - und das ungeschminkt;
hasse es, wenn mich jemand linkt;
kann es nicht leiden, wenn man mich richtet
und zudem über mich Lügen erdichtet.

©Norbert van Tiggelen

Brett vor dem Kopf

"Ich komme mit dieser Gesellschaft
oft nicht klar, weil mein Brett,
was ich vor dem Kopf trage,
einige Meter weiter entfernt ist
als bei anderen, denen es meistens
die Sicht versperrt."

©Norbert van Tiggelen

Tugenden

Es gibt Menschen die doch meinen,
dass ihr Geld sie heilig macht.
Über diese Denkensweise
habe ich schon oft gelacht.

Reichtum ist für mich kein Richtmaß,
wer so denkt, ist nicht gescheit.
Mir gefallen ganz besonders:
Mut, Respekt und Ehrlichkeit.

©Norbert van Tiggelen

Ar... lecken

Hinter meinem Rücken,
da wurde oft gehetzt,
geheuchelt und gelogen -
manch Messer auch gewetzt.

Hinter meinem Rücken,
da zog man oft Grimassen.
Meist konnte man mich leider nicht
in Frieden leben lassen.

Hinter meinem Rücken
sah man mir in die Augen.
Manch Egel hatte dort versucht,
mein Blut mir auszusaugen.

Hinter meinem Rücken
durft' ich mich oftmals recken.
Denn umso besser konnt' man mich
an meinem Ar...e lecken.

©Norbert van Tiggelen

Unkraut

„Unkraut" ist mein Name,
und darauf bin ich stolz.
Bin einfach unverwüstlich,
trotzdem aus gutem Holz.

Dort, wo man mich beseitigt,
da sprieß' ich wieder aus.
Ich brauche keinen Reichtum,
kein Sein in Saus und Braus.

Ich sage stets die Wahrheit,
klingt sie auch manchmal hart.
Ist besser als zu heucheln,
das ist nicht meine Art.

Drum werd' ich oft gemieden
doch ich nicht dran zerbrach.
Egal wo man mich rausreißt -
ich wachse wieder nach!

© Norbert van Tiggelen

Hart im Nehmen

Menschen, die gepeinigt wurden
in der Kindheit schon ganz früh,
haben in den meisten Fällen
mit dem Leben große Müh'.

Wie ein Schleier zieh'n sich Krisen
durch das Leben unentwegt.
Schlachten gegen falsche Seelen
haben Herz und Geist geprägt.

Aber glaubt mir auch das eine:
Diese Seelen haben Kraft;
selbst nach vielen Niederlagen
wird sich - klar doch! – hochgerafft.

© Norbert van Tiggelen

Weißt du, dass ich
dich nicht mag?
Ich deine Nähe
nicht ertrag'?
Drum klingt es jetzt
auch nicht fatal -
Fakt ist halt:
„Du kannst mich mal!"

Teuflischer Engel

Eigentlich bin ich ein Engel,
mit 'nem richtig guten Herz.
Bringe Menschen gern zum Lachen -
auf den Lippen stets ein Scherz.

Doch wenn man mich böse ärgert -
Leute, dann nehmt euch in Acht! -,
kann ich mich zum Teufel ändern,
führe dann auch gern 'ne Schlacht.

Aufgepasst

Menschen, die man oft verletzt hat,
sind gefährlich, glaubt es mir.
Denn sie gingen Höllenwege,
oft getriezt von Pein und Gier.

Sie durchstanden harte Zeiten,
wissen, wie man überlebt;
kennen es, sich durchzuschlagen,
wenn auch Dreck an ihnen klebt.

Sei gewarnt vor solchen Seelen,
sie sind stärker, als man glaubt;
ganz besonders, wenn man ihnen
ihre Menschenwürde raubt.

© Norbert van Tiggelen

Danke, kein Bedarf

Ich brauche keinen Schmuck
aus noblem Elfenbein;
echte Freunde sind für mich
ein wahrer Edelstein.

Ich brauche keine Taschen
aus Haut vom Krokodil;
mein Ego würd' mich quälen,
das wäre mir zuviel.

Ich brauche keine Felle,
die meinen Körper zieren;
kann mit andren Dingen
mein Image aufpolieren.

All das sind für mich Sachen,
die brauch' ich nicht zum Leben.
Denn es würde zu viel Blut
an meinen Fingern kleben.

©Norbert van Tiggelen

Stärke

Aus der Not 'ne Tugend machen,
nicht verzweifeln – lieber lachen;
forme Schlechtes stets zum Guten,
dass die Leut' kein' Schmerz vermuten.

Zeige stets ein nettes Lächeln,
möchtest du auch zornig hecheln;
lasse dich nicht provozieren,
schenk der Schmach ein Applaudieren.

Immer stolz und aufrecht gehen,
sogar deinen Feind verstehen;
zeig Charisma und Manier -
dann hat man Respekt vor dir.

©Norbert van Tiggelen

Ehrlichkeit bedeutet

Ehrlichkeit bedeutet nicht nur
seinen Nächsten zu belehr'n,
ihm den Spiegel vorzuhalten -
viele machen so was gern.

Ehrlichkeit, das heißt genauso,
seine eignen Fehler seh'n,
sie nicht feige zu bestreiten,
um sie so zu übergeh'n.

Ich bin stark!

Ich bin stark - zeig meine Schwächen,
habe damit kein Problem.
Jemand, der sich ständig brüstet,
der kann gleich nach Hause geh'n.

Meistens sind es schwache Seelen,
die sich sehr geschickt verstell'n;
leider nur ganz arme Hunde,
die in leeren Gassen bell'n.

Geschmack

Lachen ist ein Zeichen
von Freude und Behagen,
es tun meistens Menschen,
die keine Sorgen plagen.
Beten ist ein Zeichen
von Frömmigkeit und Glauben,
mit Gott in deinem Herzen
wird keiner es berauben.
Küssen ist ein Zeichen
von Liebe und von Lust,
hat schon oft geholfen
gegen manchen Frust.
Mich mögen ist ein Zeichen:
Du bist ganz schwer auf Zack.
Drum sage ich dir: „Glückwunsch,
zu Weisheit und Geschmack!"

© Norbert van Tiggelen

Klartext

Ich sage, was ich denke,
egal, ob's andre stört;
hab mit meiner Ehrlichkeit
schon manchen Mensch empört.

Für mich ist Reinheit wichtig,
dass man mich klar versteht.
Ich hasse es, wenn ich bemerk,
dass man mein Wort verdreht.

Ich muss natürlich sagen,
es war nicht immer leicht,
denn mein oft so guter Rat
hat kaum ein Hirn erreicht.

Doch eins könnt ihr mir glauben,
ich bleib so, wie ich bin!
Lügen, um beliebt zu sein,
kommt mir nicht in den Sinn.

©Norbert van Tiggelen

Stark sein

Stark zu sein bedeutet nicht,
nur immer zu gewinnen,
und auch nicht, den ganzen Tag
von Rachelust zu spinnen.

Stark zu sein bedeutet nicht,
im Ruhme sich zu laben,
und auch nicht, 'nen Batzen Geld
auf der Bank zu haben.

Stark ist man, und glaubt es mir,
wenn man sich tapfer stellt
und nicht nach 'nem Misserfolg
sofort die Schnauze hält.

© Norbert van Tiggelen

Ich

Ich bin bestimmt nicht fehlerfrei,
oh nein, das bin ich nicht;
hab auch schon mal gelogen,
ich armes, kleines Licht.

Ich habe auch schon Mist gebaut,
war schließlich selbst mal jung,
und überrannte Menschen schon
in meinem Lebensschwung.

Ich trag dafür kein' Heil'genschein,
der mich so scheinen lässt,
dass ich ein lieber Engel bin,
denn das gäb' mir den Rest.

Ich versuch, mir treu zu bleiben
konnt' meist zu Gesagtem stehen.
Darum kann ich stolz und aufrecht
jedem in die Augen sehen.

© Norbert van Tiggelen

Teufelskerl

Sollte es den Teufel geben,
der nur über Böses lacht,
habe ich es diesem Typen
garantiert nicht leicht gemacht!

Hab versucht, zu überleben,
dort, wo Ehrlichkeit war fremd,
wo man über Leichen tanzte,
fror ich mit 'nem Totenhemd.

Wo ich half dem Mangelhaften,
steckte man mir Lügen zu;
Dankbarkeit und Anerkennung
waren leider auch tabu.

Habe nie den Mut verloren,
auch wenn ich oft einsam war.
Und ich werd' sie weiter ärgern,
diese schlimme Teufelsschar!

Gönner

Ich bin Gönner durch und durch,
war immer so gewesen.
Neider sind für mich ein Graus -
ich mag nicht solche Wesen.

Ich gönne jedem Menschen
das Doppelte von dem,
was er mir gönnt; oh glaubt es mir -
hab damit kein Problem!

Aber nur dann :)

Erträgliches

Denk wie ein Stuhl –
sei tolerant,
er hat noch nie
'ne Seele verbannt.
Auch er musste lernen,
ohne zu klagen,
ein jedes Arschloch
brav zu ertragen.

Einfach ich

Mich kann einfach nichts verbiegen,
keine Seele dieser Welt,
weder so ein Besserwisser
und auch nicht das liebe Geld.

Habe eine eigne Meinung,
musste durch die Hölle geh'n,
schau mich an, ich leb noch immer,
kann sogar noch besser steh'n.

Musste reichlich Schlachten führen
gegen manchen üblen Feind,
jetzt, nachdem ich würdig siegte,
hat es niemand bös gemeint.

Mich zu ändern nur für andre,
kommt mir gar nicht in den Sinn,
darum sage ich dir deutlich:
Lass mich bleiben, wie ich bin!

©Norbert van Tiggelen

Frauenpower

Frauenpower heißt, zu handeln,
wo es sich zu handeln lohnt.
Tief im Herzen eine Dame,
aber auch 'ne Hexe wohnt.

Frauenpower heißt, zu gehen,
wenn es sein muss, durch die Wand.
Würdevoll mit ganzem Herzen,
aber auch mit dem Verstand.

Frauenpower heißt, zu jauchzen,
auch wenn's mal zum Heulen ist.
Immer wieder neu beginnen,
und sich beugen keiner Frist.

Frauenpower heißt, zu kämpfen,
scheint es zwecklos, umso mehr.
Immer wieder aufzustehen,
ist es manchmal noch so schwer.

©Norbert van Tiggelen

Schachfigur

ICH bin keine Schachfigur,
der man den Weg bestimmt,
ich brauche keinen Vormund,
der mich ans Händchen nimmt.

ICH bin keine Schachfigur
und kenne selbst mein Ziel,
stand immer wieder mutig auf,
egal, wohin ich fiel.

ICH bin keine Schachfigur,
hab' manchen Berg erstiegen,
geschenkt hat man mir nie etwas,
ließ mich niemals unterkriegen.

ICH bin nicht „DEINE" Schachfigur,
auch wenn es dir so scheint;
benutze mich nicht noch einmal,
sonst hast du mich zum Feind!

©Norbert van Tiggelen

Starke Männer

Starke Männer zeigen Schwächen,
sehen auch mal Fehler ein,
protzen nicht mit coolen Sprüchen,
tragen keinen Heil'genschein.

Starke Männer haben Rückgrat,
kämpfen stolz für Ruf und Recht,
reden nicht nach andren Mündern,
täten sie's, wär'n sie nicht echt.

Starke Männer halten zu dir,
sind dir treu ein Leben lang.
Ist der Weg mal etwas holprig,
wird es ihnen nicht gleich bang.

Starke Männer zeigen Tränen
und somit ihr Mitgefühl,
spielen keinen groben Flegel,
mimen nicht auf hart und kühl.

©Norbert van Tiggelen

Ich mag … nicht.

Mein Respekt gilt jenen Menschen,
die zu ihrer Meinung steh'n,
und nicht denen, die im Winde
sich wie eine Fahne dreh'n.

Die, die ehrlich kritisieren,
ohne dabei plump zu sein;
die ihr letztes Hemd dir geben,
und nicht kalt sind wie ein Stein.

Ich verachte jene Menschen,
für die Zaster heilig ist;
du in ihren Augen darum
nur ein kleiner Nichtsnutz bist.

©Norbert van Tiggelen

Geliebte Neider

Neider - lasst euch von mir sagen -
können einen mächtig plagen.
Aber doch so dann und wann
spornten sie mich wirklich an.

Ohne sie hätt' ich pausiert,
still gesessen, nichts riskiert,
Geist und Körper kaum bewegt,
und die Augen meist gepflegt.

Darum bin ich jetzt auch froh,
dass, durch sie, ich dem entfloh.
Darum sag ich euch nun „leider“:
Vielen Dank, ihr lieben Neider!

© Norbert van Tiggelen

Ganz wenig?

Mein "Ganz wenig", was ich habe,
reicht, um täglich satt zu sein.
Eine kuschlig weiche Koje
nenn ich schon von je her mein.

Mein "Ganz wenig", was ich habe,
reicht, dass ich nicht frieren muss.
Meine Wäsche ist gebügelt,
sauber, duftend - ein Genuss.

Mein „Ganz wenig", was ich habe,
reicht, um abends fernzuseh'n.
Kann mich ganz gemütlich baden
und danach zum Einkauf geh'n.

Mein „Ganz wenig", was ich habe,
wäre sicher für manch Geist
ein besonders großer Reichtum -
weil er leider hungert meist.

Höflichkeiten

Wenn mich etwas richtig ärgert,
sind es Menschen ohne Stil.
Höflichkeiten zu verteilen
das ist ihnen viel zu viel.

"Danke" - "Bitte" - "Gern geschehen",
"Guten Tag" - "Wie geht es dir?"
kann bestimmt ein jeder sagen,
und er zeigt damit Manier.

Kennt ein Mensch nicht solche Sitten,
ist er bei mir unten durch.
Für mich ist er dumm und taktlos -
ein ganz primitiver Lurch.

© Norbert van Tiggelen

Einsicht

Einsicht heißt, mal nachzudenken,
nicht von Fehlern abzulenken,
auf den Rat von Freunden hören,
nicht zuviel auf's Ego schwören.

Es bedeutet, sich zu rügen,
zu erkennen eigne Lügen,
Dinge auch mal anders machen
und nicht über Dumme lachen.

Und trotzdem den Mann zu stehen,
weiter seine Wege gehen,
nicht mit falschen Winden treiben
und auf Gottes Weg zu bleiben.

©Norbert van Tiggelen

Glücklich geschieden

Endlich Schluss mit Reibereien,
Ruhe kehrt ins Leben ein.
Keine hohlen Diskussionen,
man sieht wieder Sonnenschein.

Nervenkleid hat sehr gelitten,
war zuletzt oft fahl und blass.
Dunkel waren viele Stunden,
uns regierte nur noch Hass.

Resultat nach der Misere:
Diese Zeit hallt lang noch nach.
Bin jedoch auf neuen Wegen
und zudem noch lang nicht brach.

©Norbert van Tiggelen

Willkommen
im Leben

Willkommen im Leben,
zurück auf der Spur -
bist wieder da,
du Kämpfernatur!

Vergessen sind Nöte,
Sorgen und Leid,
mit neuem Mute
zum Durchstart bereit.

Jetzt wird beschleunigt
von Null auf Hundert,
und darum sich mancher
noch über dich wundert.

Zeige den Heuchlern
nun wieder die Zähne
und schmiede fortan
ganz neue Pläne!

Viel Glück!

©Norbert van Tiggelen

Welt retten

Ich wollte sie retten,
die eisige Welt,
wo man was wert ist
mit Schönheit und Geld.

Dort, wo man Schwache
oft hundsgemein kränkt
und den Gerechten
am Galgen erhängt.

Dort, wo mit Heucheln
das Recht wird geraubt,
wo man der Masse
das Lügenwort glaubt.

Dort, wo man erliegt
den Reichen und Fetten,
hoff' ich noch immer,
etwas zu retten.

©Norbert van Tiggelen

Junge, lass dich nicht verbiegen

Junge, lass dich nicht verbiegen,
bleib ganz einfach, wie du bist.
Du hast Klasse und Charakter,
wer dran zweifelt, neidisch ist.

Gehe deinen Weg wie immer,
ehrlich, klar und unbeirrt.
Lass dich nicht von denen täuschen,
deren Leben ist verwirrt.

Du wirst eines Tages sicher
der ganz große Sieger sein.
Doch bis dahin musst du kämpfen,
und das oft auch ganz allein.

Neidern wirst du stets begegnen,
ist gewiss bedauerlich.
Aber ich bin guter Dinge,
glaub mir eins: Ich zähl auf dich.

© Norbert van Tiggelen

Ich bleibe, wie ich bin

Ich mag keine Sprücheklopfer,
die mich sehen wie ein Opfer,
nur weil sie vor Selbstsucht stinken
und darum in Trance versinken.

Ich mag keine reichen Prahler,
die dem armen Steuerzahler
ständig in den Hintern treten,
so was machen nur Proleten.

Ich mag keine falschen Dichter,
die sich sehen als ein Richter
und mit ihren miesen Lügen
sich und auch die Welt betrügen.

Ich mag keine Rechtsverdreher,
ebenso wie Eckensteher.
Ihr seid für mich kein Gewinn,
Ich bleib lieber, wie ich bin.

©Norbert van Tiggelen

Verurteile mich nicht!

Du meinst, mich gut zu kennen,
hast viel von mir gehört;
meist waren es nur Lügen,
das hat mich oft gestört.

Nun willst du mich bewerten,
kennst nicht mal meinen Weg,
trugst niemals meine Stiefel,
mein Freund, nun überleg'.

Du gingst nicht all die Pfade,
die steil und holprig waren,
durchquertest nicht die Täler
der lügenden Barbaren.

Erlebtest nicht die Jahre,
in denen man mich trat,
wo ich aus Verzweiflung
schon fast um Gnade bat.

Drum sage ich dir deutlich,
und schau mir ins Gesicht,
mein Augenlicht ist klar und rein,
verurteile mich nicht!

Weiterhin

Eines sollt ihr alle wissen:
Ich werd' bleiben, wie ich bin!
Warum sollte ich mich ändern?
Das macht für mich keinen Sinn.

Weiterhin werd' ich mich melden,
wenn mir irgendwas nicht passt;
werde meine Meinung sagen,
auch wenn man mich dafür hasst.

Weiterhin werd' ich laut fluchen,
wenn mir etwas nicht gefällt -
besser als ein banger Schweiger,
der sein' Frust für sich behält.

Weiterhin werd' ich mir treu sein,
den bestärken, der nicht lügt.
Jemand sein, der geradeaus geht
und sich nicht dem Gelde fügt.

© Norbert van Tiggelen

Nachwort

Lieber Leser.

Und - haben sie bei einigen Gedichten bejahend mit dem Kopf genickt? Falls ja, dann brauchen Sie sich keine großen Sorgen über Ihr anscheinend gesundes Ego zu machen. Genau solche Menschen, wie SIE es vermutlich sind, braucht diese Welt. Sie gehören scheinbar zu den Menschen, für die das Wort "Gerechtigkeit" nicht nur ein Wort ist - nein, Sie schreiten ein und kämpfen dafür, auch wenn Sie dadurch ins Gerede kommen könnten.

Falls es tatsächlich so sein sollte, möchte ich Ihnen zu Ihrem Rückgrat gratulieren. Gehen Sie BITTE weiterhin so aufrecht durchs Leben, wie sie es bisher getan haben. Vielen Dank dafür, denn es wird bestimmt einige nicht ganz so starke Menschen geben, denen Sie schon so einige Male Rückendeckung gespendet haben.

Der Autor
Norbert van Tiggelen

Impressum

Cover-Foto:
Andrea Ahrens, Issum

Lektorat:
Heidi Friedrich, Lampertheim

Gedichte/Texte:
© Norbert van Tiggelen,
Wanne–Eickel (Herne 2)